Lucinda Riley • Harry Whittaker
Marie Voigt

Deine Schutzengel
Hab keine Angst, wenn's dunkel ist

Für Mum. Danke, dass du mein Schutzengel auf Erden bist.

H. W.

Für Omi Margot und Opa Hans.

M. V.

Lucinda Riley
Harry Whittaker

Hab keine Angst, wenn's dunkel ist

Deine Schutzengel

Mit Bildern von Marie Voigt

Aus dem Englischen von Mareike Weber

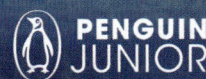

Wenn du Angst hast, dass etwas Schlimmes passiert, wenn sich dein Bauch flau anfühlt und deine Beine wie Wackelpudding sind, dann kannst du einen **Schutzengel** um Hilfe bitten.

Das ist gar nicht so schwierig, denn es gibt nichts Schöneres für einen Engel, als Menschen zu helfen.

Engel sind gleichzeitig sehr alt und sehr jung, auch wenn das unmöglich klingt.
Für einen Engel aber ist das keineswegs unmöglich.
»Unmöglich« ist bloß ein Wort, das Menschen benutzen, wenn sie etwas nicht ganz verstehen.

Engel verbringen die meiste Zeit oben im Himmel, spielen mit den Wolken, ordnen die Sterne und beobachten jeden Abend, wie die Sonne untergeht.

Aber wenn einer von ihnen hört, dass du Hilfe brauchst, schwebt der Engel auf die Erde herunter, wo die Menschen ihre meiste Zeit verbringen.

In dieser Geschichte geht es um einen
Schutzengel namens Taluna ...

… und einen kleinen Jungen,
der **Ben** heißt.

Ben steht gerade vor einem großen Stapel Pappkartons und ist sehr **aufgeregt**. Das liegt nicht an den Pappkartons, sondern daran, wo sie sich befinden. Ben steht mitten in seinem nagelneuen Zimmer.

Der Raum ist so riesig, und die Decke ist so hoch wie im großen Saal seines Kindergartens, wo die Mamas und Papas ihren Kindern manchmal beim Singen zuhören. An der Decke verlaufen lange, dunkle Holzbalken, so groß wie Baumstämme, und durch die zwei Fenster kann Ben in den Garten sehen.

Ben und seine Familie sind gerade in ihr neues Haus auf dem Land gezogen. Davor haben sie zusammen in einer Wohnung in der Stadt gelebt. Die Wohnung war so klein, dass er nie genug Platz hatte, seine Eisenbahn ganz aufzubauen.
In Bens neuem Haus ist viel Platz zum Herumtoben.

Bens Mama hat erzählt, dass das Haus früher eine Scheune war, in der Schweine lebten.

Darüber hat sich Ben ziemlich gewundert. Schließlich müffeln Schweine ganz schön, und außerdem schnarchen sie furchtbar.

»Dein Papa schnarcht ja auch manchmal«, hat Bens Mama darauf schmunzelnd gesagt. »Aber **keine Sorge**: Die Schweine sind umgezogen, und die Bauarbeiter haben die Scheune in unser wunderschönes Haus verwandelt.«

Ben mag sein neues Zimmer,
doch ein warmes und gemütliches
Zuhause-Gefühl
hat er hier noch nicht.

Vielleicht liegt es daran, dass seine Sachen noch in den Kartons stecken?

Ben will all die Pappkartons nicht alleine auspacken, aber wo seine Eisenbahn ist, weiß er genau. Die Eisenbahn war das Letzte, das er in seinem alten Haus eingepackt hat, damit er sie im neuen Haus als Erstes finden würde.

Den Nachmittag verbringt Ben damit, die größte und beste Eisenbahnstrecke aller Zeiten zu bauen. Sie führt durch sein ganzes Zimmer, und er benutzt jedes einzelne Gleisteil. Als er fertig ist, hat er gerade noch Zeit, seine Stofftiere ans Bettende zu setzen, Bruno Bär in die Mitte, genau wie in seinem alten Zimmer.

Dann holt Bens Mutter ihn zum Abendessen.

Und danach geht es in die Badewanne.

Draußen vor dem Fenster geht die Sonne unter, und Ben gähnt so herzhaft, dass er den Mund kaum mehr zubekommt.

Sein Papa nimmt ihn auf den Arm, trägt ihn die Treppe hinauf und legt ihn ins Bett. Dabei passt er gut auf, dass er nicht auf Bens Eisenbahnschienen tritt. »Träum schön, Ben, bis morgen früh«, sagt sein Papa, bevor er die Tür zumacht.

Kurz bevor wir einschlafen, beginnen unsere Gedanken ineinanderzufließen wie Ströme, die in einen Ozean münden, auf dem wir allmählich davontreiben.
Doch als Ben an diesem Abend fast eingeschlafen ist, hört er plötzlich ein Geräusch.

Tock-tock-tock!

Es klingt ein bisschen wie Regen, obwohl heute
den ganzen Tag die Sonne geschienen hat.
Das Geräusch kommt von draußen.
Ben schlüpft aus dem Bett und schleicht zum Fenster
hinüber, wo das Klopfen immer *lauter* wird.

Tock-tock-tock!

Er schiebt den Vorhang zur Seite und sieht etwas ganz und gar Gruseliges: Zwei riesige, orange leuchtende Augen starren ihn durch das Fenster hindurch an.

Wenn wir vergessen haben zu frühstücken, wundern wir uns nicht, dass wir bald Hunger bekommen.
Wenn wir sehr schnell rennen, wissen wir, dass wir gleich aus der Puste sein werden.
Aber wenn uns etwas **Angst** einjagt, macht unser Körper manchmal Dinge, mit denen wir nicht rechnen. Von einer Sekunde zur anderen fängt unser Herz an zu trommeln, oder wir haben das Gefühl, tief zu fallen, ohne uns irgendwo festhalten zu können.
Manchmal stoßen wir sogar einen kleinen Schrei aus – und das ist genau das, was Ben jetzt tut.

Ben lässt den Vorhang fallen und rennt, so schnell er kann.
Mit einem Satz springt er zurück ins Bett und zieht sich die Decke über den Kopf.

Dann fängt er an zu grübeln. Zu wem oder was gehören bloß diese unheimlichen Augen? Und warum sitzt da nur jemand auf seinem Fensterbrett und **beobachtet** ihn?

Das muss ein Monster sein, denkt Ben.
Er hat nicht gewusst, dass es auf dem Land
Monster gibt, aber jetzt kommt ihm das ganz
logisch vor. Schließlich gibt es hier viel mehr
Schatten und dunkle Ecken, um sich zu ...

                                           ... verstecken.

Ben wünscht sich plötzlich nichts sehnlicher,
als zurück in der Wohnung in der Stadt zu sein.
Dort leuchteten die Straßenlaternen vor seinem
Fenster die ganze Nacht, und er konnte draußen
die Leute vorbeigehen hören.
Kein Monster hätte es je gewagt, ihm dort
aufzulauern.

Doch hier, in diesem großen Haus mitten auf
dem offenen Feld, fühlt Ben sich ganz allein ...

... und winzig klein.

Er traut sich nicht, nach Mama und Papa zu rufen. Womöglich würde das Monster mit den gruseligen Augen dann wütend werden. Ben fühlt sich am sichersten, wenn er sich **mucksmäuschenstill** unter der Decke versteckt.

Er darf sich nur nicht rühren, dann wird es dem Monster bestimmt bald langweilig, und es verschwindet.
Erst nach einer Weile wagt Ben, unter der Decke hervorzulugen.

Es ist dunkel und still im Zimmer.

Ben spürt, dass sein Herz nicht mehr ganz so wild klopft. Sein Plan hat funktioniert.

Vorsichtig streckt Ben die Hand nach Bruno Bär aus. Doch als er sich seinen Lieblingsteddy vom Bettende holen will, fällt Ben etwas auf:

Die Augen all seiner Kuscheltiere leuchten plötzlich **grell orange**. Und sie scheinen sogar zu blinken …

Ben schreckt auf.
Es ist ganz hell im Zimmer, und Ben sieht, dass seine Kuscheltiere allesamt aus dem Bett gefallen sind.
Es dauert einen Augenblick, dann begreift Ben, dass es inzwischen Morgen ist und er nur **schlecht geträumt** hat. Er muss eingeschlafen sein, als er sich vor dem Monster unter der Bettdecke verkrochen hat.

Als sie unten beim Frühstück sitzen, fragt Bens Mama, ob er in seinem neuen Zimmer gut geschlafen hat.
Ben weiß, wie sehr sie sich über den Umzug aufs Land freut, und er will ihr auch keine Angst machen. Nein, dass es hier Monster gibt, sagt er seiner Mama lieber nicht.
Ben beschließt, **mutig** zu sein. So wie ein Superheld, ein Feuerwehrmann oder ein Polizist.
Aber das ist ziemlich schwer. Denn wenn wir wirklich mutig sein müssen, fühlen wir uns meistens ganz und gar nicht wie ein Superheld. Sonst müssten wir schließlich auch nicht mutig sein.

Also erzählt Ben seiner Mama, dass er gut geschlafen hat.

Doch als sie ihn fragt, ob er nach draußen gehen will, um die Gegend zu erkunden und Bauer Bob am Ende der Straße zu besuchen, starrt Ben nur auf den Boden.
»Was ist denn los, mein Schatz?«, will seine Mama wissen.
Ben denkt einen Augenblick nach. Das Beste, was er tun könnte, um seine Mutter zu beschützen, wäre wohl, ihr doch von dem Monster am Fenster zu berichten.

Ben gibt sich einen Ruck.
Und er wundert sich, als seine
Mama lacht. »Du musst keine Angst haben!
So was wie Monster gibt es gar nicht.«
»Woher willst du das wissen, Mama?«, fragt Ben. »Wir
haben doch noch nie auf dem Land gelebt. In der Stadt
gab es sicher keine Monster. Ich will zurück in die Stadt.«
»Ach, Ben. In unserem neuen Haus hast du doch viel
mehr Platz zum Spielen als in der kleinen Wohnung.«
»Aber hier gibt es Monster!«, ruft Ben.

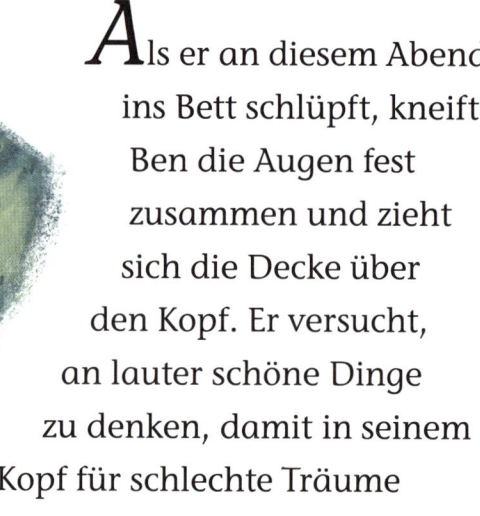

Als er an diesem Abend ins Bett schlüpft, kneift Ben die Augen fest zusammen und zieht sich die Decke über den Kopf. Er versucht, an lauter schöne Dinge zu denken, damit in seinem Kopf für schlechte Träume von Monstern kein Platz mehr ist. Ben denkt an seine Freunde im Kindergarten, an seinen liebsten Trickfilm im Fernsehen und sogar an den Schokoladenkuchen, den es vorhin zum Nachtisch gab.

Er denkt an so viele verschiedene Dinge, dass er schon fast vergessen hat, was gestern Abend passiert ist. Ben ist gerade dabei einzuschlafen, da hört er wieder das Geräusch.

Tock-tock-tock!

Ben öffnet die Augen. Er sitzt kerzengerade im Bett und starrt zum Fenster. Durch einen Spalt in seinem Vorhang funkelt ihn ein riesiges, orange leuchtendes Auge an.

Diesmal gibt Ben sich nicht einmal mehr Mühe, mutig zu sein. Diesmal beschließt er, einfach das zu tun, was jeder vernünftige kleine Junge tun würde …

… und rennt schnurstracks hinunter zu Mama und Papa. Er reißt die Schlafzimmertür auf und springt geradewegs in ihr Bett.

»Ben, was ist denn los?«, fragt sein Papa schläfrig.

»Ich will nach Hause.«

»Aber Ben, wir sind doch zu Hause«, sagt seine Mama. »Nein, sind wir nicht«, sagt Ben. »Ich will zurück in unsere alte Wohnung. In diesem Haus ist ein Monster. Von dem bekomme ich schlechte Träume. Bitte mach, dass das Monster weggeht!«

*T*aluna ist der **Traumengel.** Niemand weiß so gut wie sie, dass Träume etwas Wunderbares sind.
In ihren Träumen können Menschen überall hingehen und jeden treffen. In Träumen können sie goldene Paläste erkunden, durchs Weltall schweben und sogar auf Zeitreise gehen. Und manchmal bringen Träume die Menschen auch auf wunderbare Ideen, die ihnen nach dem Aufwachen helfen. Taluna findet, Träume sind etwas Magisches. Deshalb hilft sie den Menschen, Träume entstehen zu lassen.

Aber Taluna weiß auch, dass nicht alle Träume gut sind. Wenn die Menschen an etwas Gruseliges denken oder sich Sorgen machen, dann können ihre Träume ganz schön unheimlich sein. Und wenn jemand schlechte Träume hat, dann ist es Talunas Aufgabe, ihm zu helfen.

Taluna beobachtet gerade die Wolken, die langsam über den Himmel ziehen. Die meisten Menschen mögen anscheinend keine Wolken, weil sie die Sonne verdecken und es regnen lassen, aber Taluna kann nicht verstehen, wie man sich über so etwas Weiches und Flauschiges ärgern kann.

Da hört Taluna eine Kinderstimme, die darum bittet, einen **bösen Traum** loszuwerden.
(Du musst immer bedenken: Selbst wenn deine Stimme auf der Erde ziemlich leise klingt, ist sie im Himmel laut zu hören.)

Taluna weiß, dass die Stimme zu einem kleinen Jungen gehört, der Ben heißt.

Taluna springt vorsichtig von Wolke zu Wolke.

Tief unter ihr erstrecken sich Felder, die in den verschiedensten Grün- und Goldtönen leuchten.
Das Gras und die Frühlingsblumen beginnen schon zu wachsen.

Mit jedem Sprung bewegt sich Taluna weiter auf die Erde zu, bis sie schließlich genau auf der Wolke landet, die über Bens Haus mitten auf dem Land schwebt.

Taluna streicht sanft über die Wolke, auf der sie sitzt. Ohne den Regen, den sie bringt, würden die Blumen nicht blühen und das Getreide nicht wachsen, das die Menschen zum Essen brauchen. Würde die Sonne immer scheinen, würden die Felder kümmerlich und staubig braun aussehen und die Menschen würden nicht mehr satt werden.

Taluna weiß, dass sie etwas gegen Bens schlechte Träume tun muss. Sie erinnert sich an seine Worte, die zu ihr getragen wurden: »Bitte mach, dass das Monster weggeht!«

*T*aluna schwebt über Bens Haus. Wie gemütlich es doch aussieht! Es hat Wände aus dicken Steinen, große Glasfenster und ein mächtiges Dach.
Direkt über Bens Schlafzimmerfenster entdeckt Taluna ein kleines Loch, hinter dem sich etwas bewegt.
Taluna lächelt. Bens Familie lebt also tatsächlich nicht allein in diesem Haus. Doch Taluna ist alt und weise genug, um sicher zu wissen, dass es kein Monster ist. Monster hausen nur in den Köpfen der Leute, und manchmal brauchen die Menschen etwas Hilfe, um die Dinge so zu sehen, wie sie wirklich sind.

Du weißt ja: »Unmöglich« ist ein Wort, das Engel nicht verstehen. Doch um Bens Albträume zu vertreiben, braucht nun auch Taluna Hilfe.

Schnell wie der Wind ist Taluna beim Haus des Bauern, der ganz in Bens Nähe wohnt. Sie beobachtet, wie er sich um die neugeborenen Lämmer kümmert, die erst vor ein paar Stunden auf die Welt gekommen sind. Noch ein Zeichen, dass der Frühling da ist.

Taluna will dafür sorgen, dass Bauer Bob heute Nacht träumt und sich dabei an etwas **Wichtiges** erinnert. Etwas, das Ben helfen wird.
In dieser Nacht schläft der Bauer tief und fest.
Taluna schließt die Augen und schickt ein Bild in die Träume des Bauern.

Als Bauer Bob am nächsten Morgen aufwacht, setzt er sich auf und reibt sich die Augen. Er denkt an den Traum, der ihn diese Nacht an jemanden erinnert hat. Jemanden, der in jedem Frühjahr zu Besuch kommt.
Bauer Bob nimmt sich vor, bei seinen neuen Nachbarn vorbeizuschauen. Schließlich wohnt die Familie in der Scheune, in der er früher seine Schweine gehalten hat.

Ben hört ein Klopfen an der Haustür.
Sein Papa öffnet.
Vor der Tür steht ein Mann mit schlammigen Gummistiefeln.
Und was noch viel **aufregender** ist: Hinter ihm auf dem Feldweg steht ein knallroter Traktor.

»Ben, komm und sag unserem neuen Nachbarn Guten Tag!«, fordert ihn sein Papa auf. »Das ist Bob, dem früher diese Scheune gehört hat.«
»Hallo, Ben«, sagt Bob. »Willkommen bei uns! Darf ich fragen, wem das große Schlafzimmer unter dem Dach gehört?«
Bens Magen schlägt einen Purzelbaum. »Mir«, flüstert er.
»Nun, dann muss ich dir etwas zeigen.«

Bens Knie fangen an zu zittern.
Bestimmt weiß der Bauer von dem Monster.
Bob schaut hinüber zu Bens Papa.
»Ist es in Ordnung, wenn Ben und ich dem Dachboden über seinem Zimmer mal kurz einen Besuch abstatten?«

Ben hat noch nie so viel **Angst** gehabt wie in diesem Moment, aber das will er dem Bauern nicht zeigen. Er will beweisen, dass er **mutig** ist, auch wenn er fast sein ganzes Leben in der Stadt gelebt und dort noch nie ein Monster getroffen hat.

Also holt Ben tief Luft und folgt Bob nach oben in sein Zimmer.

*D*er Bauer öffnet die Bodenluke und zieht eine Klappleiter herunter. Ben späht hinauf in die Dunkelheit. Dort oben könnte ein ideales **Monsterversteck** sein, doch der Bauer scheint überhaupt keine Angst zu haben und klettert schon die Leiter hinauf. »Kommst du mit, Ben?«, fragt er und reicht ihm eine Hand, um ihm zu helfen.

Vielleicht, denkt Ben, könnte ich ja mal dem Monster einen Schreck einjagen. Wenn ich laut genug schreie, bekommt es vielleicht solche Angst, dass es wegläuft. Ben folgt Bob auf den Dachboden und macht sich bereit, so laut wie möglich zu schreien, um das Monster das Fürchten zu lehren.

Es ist **stockfinster** auf dem Dachboden, aber der Bauer knipst seine Taschenlampe an. »Schau mal hier in die Ecke, Ben«, sagt Bob.

Ben holt tief Luft und öffnet den Mund, so weit er kann. Gerade als er anfangen will loszubrüllen, sieht er sie: die glühenden Augen.

Und diesmal sind es sogar **acht Augen**, die ihm entgegenleuchten.

Ben dreht sich um und will so schnell wie möglich weglaufen.

»Alles in Ordnung, Ben? Ich dachte, du würdest dich freuen, ein paar neue Freunde kennenzulernen«, sagt Bob.

Langsam, ganz langsam, dreht Ben sich wieder um.

Im vollen Schein der Taschenlampe erkennt Ben auf einmal, zu wem die riesigen Augen in der Ecke gehören. Es sind nicht die Augen eines Monsters.

Sie gehören zu den weichsten, flauschigsten, flaumigsten Gesichtern, die Ben je gesehen hat. Es sind die Augen einer wunderschönen Eule und ihrer drei Eulenküken.

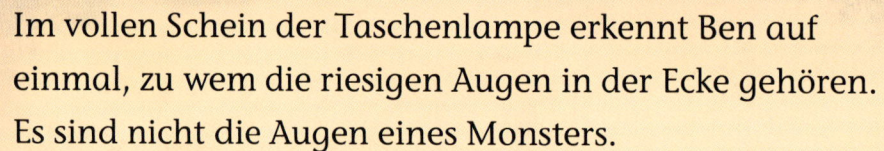

»Schön, dich wiederzusehen, **Mama Eule**«, grüßt Bob, und dann erklärt er Ben: »Ich dachte mir, ich sage dir mal besser Bescheid, dass ihr im Frühling besonderen Besuch bekommen könntet. Solange ich denken kann, nistet diese Eule unter dem Dach der Scheune. Jedes Jahr kommt sie wieder, um ihre Küken aufzuziehen. Sie hat wahrscheinlich gar nicht gemerkt, dass hier jetzt keine Schweine mehr wohnen, sondern Menschen.«

Die kleinen Eulenküken fiepen laut, und die Eulenmama deckt sie mit ihrem langen, flaumigen Flügel zu.

Sie sieht aus, als ob sie Angst hat, denkt Ben. Genau wie er, als die Eule auf seinem Fenstersims saß.
Ben bleibt ruhig stehen, um ihr zu zeigen, dass er ihr nichts Böses will.
»Du hast doch nichts dagegen, dass sie nachts hin und wieder bei dir vorbeischaut, wenn sie draußen nach Würmern für ihre Küken sucht, oder, Ben?«, fragt Bob.

Nein, Ben hat überhaupt nichts dagegen. Die Eulenmama und ihre Kinder sind die schönsten Vögel, die er je gesehen hat, findet er.

Langsam und sanft wie eine Wolke bewegt sich die Eulenmama.
Ben wird ganz ruhig, wenn er sie beobachtet.
Ihre Küken sind so flauschig, dass er sogar nichts dagegen hätte, wenn sie in seinem Zimmer wohnen und sich nachts mit ihm ins Bett kuscheln würden.

Als Ben an diesem Abend in sein Bett schlüpft, denkt er daran, was er heute alles erlebt hat. Bauer Bob hat ihm sogar angeboten, morgen gemeinsam mit seinem Papa den Rest des Bauernhofs zu erkunden und auf dem großen roten Traktor mitzufahren. Darauf freut sich Ben schon sehr!

Gerade als ihm die Augen zufallen, hört Ben ein vertrautes Geräusch am Fenster.

Tock-tock-tock!

Anstatt sich unter der Bettdecke zu verkriechen, rennt Ben direkt zum Fenster. Er zieht den Vorhang zur Seite: Da sitzt ja seine neue Freundin und klopft mit dem Schnabel an das Fensterglas!
»Gute Nacht, Mama Eule!«, flüstert Ben.

Die Eule breitet ihre flaumigen Flügel aus und schwingt sich in die Dunkelheit.

Der Mond scheint in Bens neues Zimmer, und da ist es mit einem Mal – das warme und gemütliche **Zuhause-Gefühl**, das Ben schon vermisst hatte.

Taluna hoch oben auf ihrer Wolke lächelt.

Als Ben an diesem Abend einschläft, träumt er vom Fliegen …

© Boris Breuer

Lucinda Riley wurde in Irland geboren und verbrachte als Kind mehrere Jahre in Fernost. Sie liebt es zu reisen und ist nach wie vor den Orten ihrer Kindheit sehr verbunden. Nach einer Karriere als Theater- und Fernsehschauspielerin konzentriert sich Lucinda Riley heute ganz auf das Schreiben – und das mit sensationellem Erfolg: Seit ihrem gefeierten Roman »Das Orchideenhaus« stürmte jedes ihrer Bücher die internationalen Bestsellerlisten. Lucinda Riley lebt mit ihrem Mann und ihren vier Kindern an der englischen Küste in North Norfolk und in West Cork, Irland.

© Alex Brown

Harry Whittaker wuchs in den 1990ern auf und verbrachte seine ersten Lebensjahre an der sehr ländlichen Westküste Irlands, mit nur schwachem Fernsehempfang und ohne Internet. Deshalb sorgte Harrys Mutter für Unterhaltung, indem sie ihm Geschichten erzählte. Davon inspiriert, ist auch Harry ein Geschichtenerzähler geworden – als preisgekrönter Radiomoderator der BBC und als führendes Mitglied einer der bekanntesten Improtheater-Gruppen Großbritanniens. Mit der liebevoll erzählten Schutzengel-Reihe, seiner ersten Buchpublikation, hofft Harry nun, gemeinsam mit seiner Mutter Groß und Klein zu verzaubern.

Schon seit ihrer Kindheit begeisterte sich Marie Voigt fürs Malen, Schreiben und Schauspielern, und sie konnte sich nie ganz entscheiden, was sie werden sollte, wenn sie einmal groß ist. Nach ihrem Studium der Medientechnik und Marketing in Deutschland und England arbeitete Marie im Fernsehen, Branding und Grafikdesign, bis sie merkte, dass sie beim Schreiben und Illustrieren von Kinderbüchern all ihre Leidenschaften auf vergnüglichste Weise verwirklichen kann. Und all das, ohne überhaupt jemals groß werden zu müssen. Maries Bücher sind bereits in 15 Sprachen übersetzt.

Mareike Weber studierte Literatur- und Verlagswissenschaften in Bamberg, Edinburgh und Stirling. Für Verlage auf beiden Seiten des Kanals hat sie zahlreiche Bücher begutachtet, vermittelt und übersetzt. Ihre besondere Leidenschaft gehört dabei schon immer der Literatur für junge Leser. Inzwischen lebt Mareike Weber mit ihrer Familie in Schottland, ist aber weiterhin in der deutschen Sprache zu Hause und übersetzt englische Kinder- und Jugendbücher.

Bei diesem Buch wurden die durch das verwendete Material und
die Produktion entstandenen CO_2-Emissionen ausgeglichen, indem
Penguin JUNIOR ein Projekt zur Aufforstung in Brasilien unterstützt.
Weitere Informationen zu dem Projekt unter:
www.ClimatePartner.com/14044-1912-1001

Penguin Random House Verlagsgruppe
FSC® N001967

Sollte diese Publikation Links auf Webseiten Dritter enthalten,
so übernehmen wir für deren Inhalte keine Haftung,
da wir uns diese nicht zu eigen machen, sondern lediglich auf
deren Stand zum Zeitpunkt der Erstveröffentlichung verweisen.

2. Auflage 2021
Copyright Text © Lucinda Riley und Harry Whittaker
Copyright Illustrationen © Marie Voigt
© 2020 für die deutschsprachige Ausgabe:
Penguin JUNIOR in der Penguin Random House Verlagsgruppe GmbH,
Neumarkter Straße 28, 81673 München
Alle deutschsprachigen Rechte vorbehalten
Aus dem Englischen übersetzt von Mareike Weber
Umschlaggestaltung: Maria Proctor unter Verwendung einer Idee und
Illustrationen von Marie Voigt
RS · Herstellung: AJ
Reproduktion: Lorenz & Zeller, Inning a. A.
Druck: Mohn Media GmbH, Gütersloh
ISBN 978-3-328-30015-1
Printed in Germany

www.penguin-junior.de